BEI GRIN MACHT SICH IHR
WISSEN BEZAHLT

- Wir veröffentlichen Ihre Hausarbeit,
  Bachelor- und Masterarbeit

- Ihr eigenes eBook und Buch -
  weltweit in allen wichtigen Shops

- Verdienen Sie an jedem Verkauf

Jetzt bei www.GRIN.com hochladen
und kostenlos publizieren

Bibliografische Information der Deutschen Nationalbibliothek:

Die Deutsche Bibliothek verzeichnet diese Publikation in der Deutschen National-
bibliografie; detaillierte bibliografische Daten sind im Internet über http://dnb.d-
nb.de/ abrufbar.

Impressum:

Copyright © 2016 GRIN Verlag, Open Publishing GmbH
Druck und Bindung: Books on Demand GmbH, Norderstedt Germany
ISBN: 978-3-668-20193-4

Dieses Buch bei GRIN:

http://www.grin.com/de/e-book/320845/fallanalyse-einer-frau-aus-eritrea-systemi-
sche-beratung-in-einer-aufnahmestelle

Malgorzata Wimmer

Fallanalyse einer Frau aus Eritrea. Systemische Beratung in einer Aufnahmestelle für Flüchtlinge

GRIN Verlag

GRIN - Your knowledge has value

Der GRIN Verlag publiziert seit 1998 wissenschaftliche Arbeiten von Studenten, Hochschullehrern und anderen Akademikern als eBook und gedrucktes Buch. Die Verlagswebsite www.grin.com ist die ideale Plattform zur Veröffentlichung von Hausarbeiten, Abschlussarbeiten, wissenschaftlichen Aufsätzen, Dissertationen und Fachbüchern.

Fallanalyse Frau R. aus Eritrea

1. Darstellung des Kontexts

Ich arbeitete in einer Eerstaufnahmestelle für Flüchtlinge (EA) in X als Verfahrens- und Sozialberaterin und hatte ständigen Kontakt mit Flüchtlingen.

Dieser Fall kommt aus der Arbeit im Flüchtlingsbereich.

Zielgruppen

In der EA X leben 3297 Flüchtlinge (Stand 12.11.2015) aus Syrien, Irak, Iran, Afghanistan, Serbien, Kosovo, Eritrea und Somalia. Die meisten Flüchtlinge sind aufgrund von Krieg, Terror und Verfolgung gezwungen ihr Heimatland zu verlassen. Andere fliehen vor Armut, Unterdrückung und Perspektivenlosigkeit.

Zum Teil reisen die Menschen illegal nach Deutschland ein, auf eigene Faust oder die Flucht wurde von Schleppern organisiert.

Aufgaben

Die Beratung wahrt die Würde und Selbstachtung der Betroffenen. Dafür sind Unabhängigkeit und Vertraulichkeit wesentliche Voraussetzungen. Neben Gruppenangeboten mit allgemeinen Informationen über das Asylverfahren findet die Beratung immer ausgehend von der Besonderheit des Einzelfalls statt. Die meisten Gespräche finden auf Englisch oder mit einem oder mehreren Dolmetschern in der Herkunftssprache statt. So kann es vorkommen, dass wir auf Englisch beraten, was dann von einem Syrer auf Arabisch übersetzt wird. Ein Iraker übersetzt dann weiter aus dem arabischen auf kurdisch für seinen Landsmann.

Hierbei geht es dann darum die Abläufe und Institutionen rund um das Asylverfahren transparent darzustellen und die Flüchtlinge teilweise auch aktiv auf spezielle Termine vorzubereiten. Hier müssen die Asylwerber sehr häufig anwaltschaftlich vor den Behörden vertreten werden, damit aus der Person keine Nummer wird.

Neben der rein rechtlich-politischen Verfahrensberatung nimmt die Sozialberatung eine große Rolle ein.

Viele Menschen sind von der Flucht und den Erlebnissen im Heimatland traumatisiert. Oft begleitet von der Trauer um den Verlust von Familienangehörigen. Ohnmächtig ob der fehlenden Zukunftsperspektive gehören psychosoziale Beratungsgespräche zum Alltag. Viele haben ihre Firma und ihr Haus verkauft, um sich die Flucht nach Europa leisten zu können. Ca. 6000€ kosten die Schlepper nach Deutschland pro Person, Tendenz stark steigend.

Daneben gilt immer wieder Achtsamkeit gegenüber besonders schutzbedürftigen Personen wie Schwangeren, Alleinerziehenden, Kranken und Menschen mit Behinderung. Aber auch unbegleitete minderjährige Flüchtlinge landen immer wieder in X.

Eine sehr enge Kooperation mit vielen Behörden und kirchlichen Institutionen ist unabdingbar.

2. Überblick über den Beratungsprozess

2.1 Angaben zur Klientin

Frau R. ist 29 Jahre alt und hat einen langen, beschwerlichen Weg aus Eritrea bis nach Deutschland zurückgelegt. Sie war insgesamt zwei Jahre auf der Flucht. Ihre Kindheit und Jugend verbrachte Sie in Asmara, der Hauptstadt Eritreas.

Sie ist zur Schule gegangen und hatte mit einem mittleren Abschluss beendet. Ihr Vater ist im Äthiopienkrieg umgekommen als sie drei Jahre alt war. Ihre Mutter hat vier Kinder großgezogen. Die Mutter war streng, jedoch hat es den Kindern an nichts gefehlt. Alle haben Englisch gelernt, da es der Mutter sehr wichtig war.

2.2 Dauer der Beratungen

Vom 6.Mai 2015 bis zum 6.Juni 2015 war die Klientin in der EA-X. Die Klientin wollte in Deutschland Asyl stellen. Während des Aufenthalts hatten wir zehn intensive Gespräche im Büro. Die Beratungen dauerten durchschnittlich eine Stunde. Zusätzlich habe ich Frau R. zum Bundesasylamt für Migration und Flüchtlinge und zum Gesundheitsamt begleitet.

3. Anamnese/ Hintergrund der Klientin

3.1 Visualisierung der familiären Strukturen/Genogrammzeichen

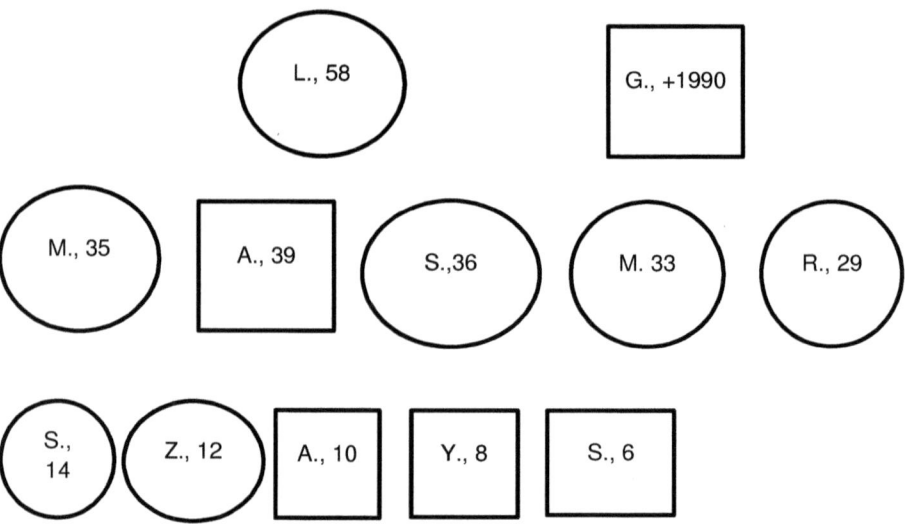

Mit 18 Jahren muss jeder Bürger in den lebenslangen Militärdienst. Frau R. auch. Am Anfang des Wehrdienstes hat sie die Grundausbildung absolviert, dazu gehörten Umgang mit dem Gewehr, das Gewehr zerlegen, durch die Wüste stundenlang im Lauftempo marschieren. Aussagen von Frau R.: „ du musst barfuß durch die Wüste marschieren, kriegst kein Wasser, wirst behandelt wie ein Tier. Wenn du sie fragst, warum sie das tun, binden sie deine Hände und Füße zusammen und legen dich in den Wüstensand". Nach einem Jahr konnte Sie als Sekretärin und Dienstmädchen für das Militär im allgemeinen Bürogebäude in der Hauptstadt Eritreas, Asmara, arbeiten, jedoch zuhause übernachten.

Als Sie eines Sonntags bei ihrem Onkel nach einer protestantisch-christlichen Sonntagsmesse ausgeholfen hatte, stürmten Rebellen in das Gebäude ein und haben alle Gottesdienstbesucher in große LKWs geschleppt und weggebracht.

Frau R. wurde entführt, grundlos von einem Tag auf den anderen, sie wurde in eine Zelle, kaum größer als ihr Körper in die Erde gesteckt, in Hand- und Fußfesseln gefangen gehalten, teilweise am Baum, Kopfunter hängend – als Strafe für eine nicht gleich ausgeführte Tätigkeit. „Sie fesseln dich, schlagen dich von beiden Seiten ins Gesicht, dass es in deinen Ohren klingelt, du keine Luft mehr bekommst, du vergisst, wo du bist und möchtest nur noch sterben…"

Dann ein Jahr in Gefangenheit gehalten – auf dem nackten Boden geschlafen, egal ob heiß oder kalt – abwechselnd in einem tiefen Erdloch oder in einem Metallcontainer.

Regelmäßig wurde sie von verschiedenen Männern vergewaltigt. Mitten in der Nacht, manchmal auch tagsüber wurde sie rausgeholt und vergewaltigt.

Zeitweise war R. zusammen mit zwei anderen Frauen im selben Container, die viel länger inhaftiert waren, wahrscheinlich 3-5Jahre. Diese Frauen haben nichts mehr gesprochen, sie waren verstummt, sie sind verrückt geworden.

R. wollte sich das Leben nehmen, jedoch fand sie keine geeignete Stelle und keinen Gegenstand (ein Strick…) sie hat auf den Feldern der Gegend schwer arbeiten müssen und eines Tages in der Winterzeit, als es plötzlich zu regnen begonnen hatte und keine Aufsichtsperson in ihrer unmittelbaren Nähe zu sehen war, hat sie allen ihren Mut zusammengefasst und rannte los. Immer weiter und schneller, einfach weg, es war ihr egal ob sie erschossen wird, sie wünschte sich sogar den Tod, dass man ihr in den Rücken schießt, sie dachte an den Tod – als eine willkommene Erlösung.

Irgendwann, sie kann nicht mehr sagen ob es Minuten oder Stunden waren, ist sie auf einen Baum geklettert und hat gewartet. Sie hörte Stimmen, hörte ihren Namen rufen, jedoch war sie wie versteinert, sie rührte sich nicht, sie harrte aus.

In der Nacht ist sie in ein benachbartes Dorf gelaufen und hat sich bei ihrer Tante versteckt – niemand durfte es wissen, sonst wären alle Familienmitglieder in großer Gefahr. Von dort aus organisierte ihre Tante die Planung ihrer Flucht.

Sie musste in den Sudan, dort hatte sie Kontakt mit ihrem Onkel, der als Flüchtling in Israel lebt, aufgenommen. Ihr Onkel half ihr Kontakt mit verschiedenen Personen und Schleppern aufzunehmen. Ebenso die Beschaffung von Dokumenten, einem Visum über Saudi-Arabien, Ägypten über Frankreich und Schweiz. Die Flucht dauerte zwei Jahre. Erst hier in Deutschland wurde ihr gestattet einen Asylantrag zu stellen.

3.2 Hypothesen zu Beginn der Beratung

Frau R., eine 29jährige Frau aus Eritrea, eine sehr unstabile Persönlichkeit, sehr in sich zurückgezogen, schaut nicht in die Augen, vermeidet jeden Augenkontakt, trägt weite Kleidung in schwarz, kam unsicher in mein Büro. Sie war ungeschminkt, kein Schmuck, keine Ohrringe. Später ist mir ein schlichtes Kreuz als Halskette aufgefallen. Ihre Mutter hat es ihr in den Sudan geschickt, als sie dort im Versteck gelebt hatte. Das Kreuz stammt aus Lalibela, Äthiopien und ist von großer Bedeutung für sie. Ihre Haare sind schlicht zusammengebunden

R. hatte kein Basisvertrauen in unsere Welt, ich nahm extremes Misstrauen wahr und kam nur schwer an sie ran. Sie hatte keine Selbstachtung, Verlust der eigenen weiblichen Identität. Sie schämte sich für ihre Geschichte, sie war hilflos und orientierungslos. Sie wirkte sehr traurig auf mich. Beim Erstkontakt wurde Sie von ihrer Cousine K. begleitet.

Ich vermutete, dass Frau R. traumatisiert war und unter Posttraumatischen Belastungsstörung (PTBS) leide. Außerdem vermutete ich, dass Sie vergewaltigt und misshandelt wurde. Sie ist gläubig im christlichen Sinne, sie bedankte sich bei Gott mehrmals während des Gesprächs.

4. Überweisungskontext

Die Beratung in der Erstaufnahmestelle für Flüchtlinge in X dient als Orientierungshilfe sowie als praktische Unterstützung und Begleitung durch das Asylverfahren. Die Entwicklung einer neuen Lebensperspektive, sowie das Finden von Lösungsansätzen für die vielseitigen und sehr komplexen Probleme sind dabei unerlässlich.

Die Beratung ist freiwillig, um näher an die Menschen zu gelangen, gehe ich manchmal durch das Gelände und stelle meine Arbeit und mich vor.

4.1 Erstkontakt

Am 6.Mai 2015, als ich eine hochschwangere Frau gesucht hatte, klopfte ich an einige Zimmer im Gebäude des EA-Geländes in X um die Beratungsangebote von Caritas und Diakonie vorzustellen. Eine Tür ging auf und Frau K., antwortete mir auf Englisch, dass die von mir gesuchte Person nicht hier sei, sie kenne sie nicht. Ich habe mich für die Information bedankt, habe mich vorgestellt und der Dame vorgeschlagen, dass sie jederzeit zur Caritas kommen kann, sollte sie Informationen brauchen, Schwierigkeiten haben oder einfach nur reden wollen. Frau K. antwortete, dass sie einen Klientenjob (1,05€/Stunde) in der Küche hat und keine Zeit hätte, jedoch ihre Cousine Frau R. bräuchte bestimmt Unterstützung. Wir vereinbarten einen Termin für den nächsten Tag.

Am 7.Mai 2015 kam Frau R. gemeinsam mit ihrer Cousine das erste Mal in die Beratung.

5. Ziele und Auftrag der Klientin

Frau R. hat eine schwere Lungenkrankheit (Mounier-Kuhn Syndrom), diese Krankheit hat sie sich vermutlich im Gefängnis in Eritrea zugezogen, verursacht durch monatelanges liegen auf dem nackten Boden bzw. Containerboden ohne Kleidung oder eine Decke.

Als erstes wollte sie mit mir über ihre Lungen sprechen und über weitere Behandlungsmöglichkeiten. In den letzten Monaten konnte sie kaum atmen, zusätzlich hatte ein sehr intensives Husten sie am Atmen gestört. Fast den ganzen April verbrachte sie in der Klinik Z in Y, die spezialisiert auf die Behandlung von Patienten mit Erkrankungen der Atmungsorgane ist. Vorsorglich soll sie alle drei Monate zur Lungenuntersuchung und braucht zeitweise ein Beatmungsgerät.

Zusammen mit Frau R. wurde eine Hilfeplanung (auch für eine Krisensituation) erstellt: ein eigenes Zimmer, Mahlzeiten im Zimmer (je nach Bedarf), tägliches Gespräch in der Sozial- und Verfahrensberatung, Begleitung und Beistand bei der Antragstellung beim Bundesasylamt für Migration und Flüchtlinge (BAMF), Antrag auf einen schnellen Transfer in eine Gemeinschaftsunterkunft – zusammen mit ihrer Cousine. Übergabe an einen Sozialdienst in der Gemeinschaftsunterkunft, Vermittlung zur Psychotherapie nach ihrem Transfer, regelmäßige Arztkontrollen und medikamentöse Einstellung, Beschaffung eines Atmungsgerät.

6. Kontrakt

Es gibt bei uns keinen schriftlichen Kontrakt, der beide Seiten zur Mitarbeit verpflichtet. Unsere gegenseitige mündliche Vereinbarung basiert auf den offenen Angeboten der Verfahrens- und Sozialberatung während des Aufenthalts in der Erstaufnahmestelle für Flüchtlinge.

7. Darstellung des Beratungsverlaufes

7.1 Hypothesen während des Beratungsverlaufes

Schnell kristallisierte sich eine gute Beziehung zwischen uns. Die Klientin hatte sich mit jeder Beratung immer mehr geöffnet und hatte mir mehr anvertraut. Ich konnte sie gut stabilisieren und begleiten. Wir hatten über ihre Gefühle, Empfindungen, Ängste gesprochen.

Der erste Kontakt fand zusammen mit ihrer Cousine statt. R. hatte mir ihren Entlassungsbericht aus der Klinik in Y gezeigt. Ich las, dass sie Jahrelang als Soldatin in den Eritreischen Wehrdienst beschäftigt war. Die seltene Lungenkrankheit zielte auf diese Umstände der langen Feldübungen und miserablen Konditionen ab.

Die Beratung war ruhig und sehr sachlich. Informationen und Beratung über den Ablauf des Verfahrens und der Aufenthalt in der Erstaufnahmestelle hatten sie beruhigt.

Sie wollte zusammen mit ihrer Cousine K. in eine Gemeinschaftsunterkunft verlegt werden. Ihre Cousine K.H. hatte alle Untersuchungen hinter sich, sie hatte den Antrag beim Bundesasylamt für Migration und Flüchtlinge bereits gestellt. Es stellte sich heraus, dass Frau K. viel früher nach Deutschland gekommen ist, somit stünde sie bereits auf der Transferliste für den Landkreis W und verlässt in zwei Tagen die Ersteinrichtung X. Deswegen war es zu spät den Verlegungswunsch zu stellen.

Als ich ihr die Tatsache erklärt habe, dass sie noch nicht verlegt werden kann, da ihre medizinischen Untersuchungen sowie die Asylantragstellung noch nicht erfolgt war, brach Sie in Tränen aus. Obwohl die beiden Cousinen sich vorher nicht gekannt haben und erst hier in Deutschland erfuhren, dass sie hier sind, war es sehr schwer für R., loszulassen und sich zu beruhigen. Der Rückfall erschien unüberwindbar. Sie verlangte von mir alles Mögliche zu tun, um gemeinsam mit ihrer Cousine nach W gehen zu dürfen.

Ich vermutete eine Traumatisierung. Die lange Zeit im Gefängnis, die Grausamkeit, die ihr widerfahren war, die Fluchtgeschichte waren das eine. Doch das Zusammentreffen mit ihrer Cousine, das wie ein Lichtblick für sie war – und doch nicht sein darf – hatte sie erneut gerüttelt.

7.2 Interventionen/ Wirkung der Interventionen

Ich versuchte die Situation positiv darzustellen und die Klientin zu beruhigen und zu stabilisieren. Ihre Gesundheit, vor allem ihre Lunge hatte sich stabilisiert, sie ging täglich zur Ärztin hier auf dem EA-Gelände. Medizinisch sei sie sehr gut betreut.

Sobald Sie ihre Erstuntersuchungen gemacht hatte, werde ich den medizinischen Bericht an das Bundesasylamt für Flüchtlinge und Migration schicken, um einen schnellen Asylantragstellungstermin zu bekommen.

Sobald ihre Cousine eine Adresse im Landkreis W haben wird, können wir einen Verlegungswunsch beantragen.

Ich schenkte ihr ein Halstuch, das sie daran erinnern soll, dass sie hier in Deutschland in Sicherheit ist und während der Öffnungszeiten zu mir ins Büro kommen kann. Sie nahm es an und freute sich darüber, hängte es um ihren Hals.

Eine große Ressource von R. war ihr Sprachenkenntnis, sie spricht Englisch und Tigrinja. Ich bat sie für ihre Landsleute in Tigrinja zu übersetzen, damit sie die Zeit hier in der Erstaufnahmestelle besser überwinden konnte. Sie nahm mein Angebot an und kam mehrmals am Tag zu mir ins Büro mit ihren Landsleuten, die Informationen und Beratung benötigen und annehmen wollten.

Ich führte einige Telefonate und schrieb Emails an das Gesundheitsamt und das Bundesamt für Migration und Flüchtlingen zwecks einer schnelleren Bearbeitung.

Daraufhin kam eine Antwort, dass der Entlassungsbericht der Akte hinzugefügt wird und sie demnächst verlegt wird.

Die nächsten Gespräche empfand ich als persönlich sehr vertraulich. R. kam alleine, anfangs war sie sehr zurückhaltend und schüchtern, doch als sie Vertrauen und Mut gefasst hatte, erzählte sie mir immer mehr von ihrer Zeit in der Gefangenschaft, wie auch davor beim Militärdienst.

Vor jedem Gespräch mit ihr, hatte ich mich gefühlsmäßig auf sehr emotionelle und starke, intensive Gefühle vorbereitet, die ich auch zugelassen habe.

Sie hatte mich in ihre Welt hineingelassen, die für mich fremd, grausam, einsam und unverständlich erschien. Oft hatte ich mit den Tränen gekämpft und verloren.

Jedes Mal als ich merkte, dass meine Augen feucht wurden, habe ich ihr erklärt, dass ich mitfühlen konnte, es nicht zurückhalten konnte, da es mich emotionell sehr berührte, dass ich es nicht fassen konnte, dass so viele Eritreer unter diesem autoritärem Regime leiden mussten. Unschuldig wurden Bürger verhaftet und verschleppt, gefoltert, vergewaltigt. Menschen wurden in Straflager, Erdlöcher oder Schiffscontainer gesperrt und womöglich lebenslang dort gehalten.

7.3 Veränderungen zwischen den Beratungen

Nachdem sie mir ihre ganze Geschichte anvertraut hatte, sehr emotionell, sehr traurig, habe ich eine Methode der Visualisierung gewählt und mit Seilen und Symbolen gearbeitet.

Zwei Seilkreise, die sich überkreuzten wurden am Boden gelegt.

Die Vergangenheit hatten wir zugedeckt damit in Richtung Zukunft geschaut werden konnte. Wir hatten gemeinsam mit Hilfe einiger Gegenstände in der nahen Zukunft ein paar Fixpunkte, die ihr Halt und Zuversicht gaben, gesucht.

Die ausgesuchten "Zukunftsorientierten Gegenstände" hatte sie in den Kreis gelegt.

Symbole, die für R. von Bedeutung waren:

Ein schwarzes Tuch- erstmals wird das Tuch zugedeckt bleiben, ein gegenseitiges Abkommen- R. wollte lernen mit der Vergangenheit zu leben.

Schmetterling-, sie darf Wünsche haben, diese aussprechen, sie darf ihre Flügel ausbreiten und fliegen…. in Richtung Zukunft

Ein Fahrzeug- in Deutschland fährt man überall mit Bussen, sie möchte selbstständig die öffentlichen Verkehrsverbindungen nutzen um überall hinzukommen.

ein Rucksack- die Reise nach Deutschland war sehr lange und schwer

Kaffeetasse- sie möchte mich mal zu ihr auf einen Kaffee einladen, in Eritrea ist es eine spezielle Prozedur. Diese Kaffeetasse steht für fröhliche, freundschaftliche Treffen.

ein Hund- Freundschaften, die sie in der Erstaufnahmestelle machen wird. In Deutschland haben Menschen Hunde und Katzen als Haustiere, diese werden gut behandelt. Auf der Straße hatte Sie bereits Menschen mit Hunden spazieren gehen gesehen, das hatte sie sehr überrascht. In Deutschland steht ein Hund für die treue Seele, für einen guten Freund.

Ein Schuh- kleine Schritte in Richtung Zukunft machen

Das Bild hatte ich ausgedruckt und ihr mitgegeben. Ich bat Sie sich ein Symbol aus-zusuchen und mitzunehmen. Sie entschied sich sofort für das Symbol des Schmet-terlings

Als ein Wochenende zwischen unsere Gespräche fiel, war sie besonders betrübt und traurig. Sie erzählte mir, dass sie schlecht träumt, sich gar nicht aus dem Zimmer traut, sie ist sehr einsam und alleine.

Die Gespräche mit mir gefallen ihr, sie träumt sehr intensiv. Ihre Träume sind er-schreckend, sie wacht schreiend auf. Jedoch würde Sie gerne weitermachen.

Persönlich freut es mich, dass wir Fortschritte machen und R. sich öffnet und nicht das Gegenteil eintrifft. Ich möchte nur soweit gehen wie sie erlaubt. Ich bat ihr an-schließend an den Aufenthalt hier in X eine regelmäßige Psychotherapie in Y an.

Im nächsten Gespräch habe ich ihr das Asylverfahren erklärt. Daraufhin hatte sie mir ihren Weg nach Deutschland beschrieben. Sie war vorher fast vier Monate in der Schweiz. Als Dublin-Fall wurde Sie sie nach Deutschland überstellt. Ihr Personal-ausweis befindet sich noch in der Schweiz. Sie bittet mich um Kontaktnahme damit ihre Dokumente an das Bundesasylamt für Migration und Flüchtlinge geschickt wer-den können.

R. möchte, dass ich sie zur Asylantragstellung zum Bundesasylamt begleite.

Ich nahm Kontakt mit der zuständigen Person beim Bundesasylamt für Migration und Flüchtlinge auf und vereinbarte einen Termin.

Telefonat mit dem Regierungspräsidium: Ihre Cousine wurde am 18/19.05.15 nach W verlegt. Meine Klientin würde gerne zu ihr verlegt werden. Frau K. kennt ihre Ge-schichte, so würde es leichter und erträglicher- wenn sie in der Nacht Alpträume hät-te und schreien müsse, jemanden in der Nähe zu haben, der sie verstehen würde und mit ihr zusammen sein könnte.

Eine weitere Veränderung während der Beratungen war die Rolle der Überlebenden, Frau R. zu stärken und nicht zu sehr in der Opferrolle der Klientin zu beharren.

Ich bekräftigte und stärkte sie als Überlebende. Sie hat viele Ressourcen, diese wur-den wieder „eingeschaltet" und werden bei jeder Sitzung gestärkt und bekräftigt.

Gemeinsam mit mir hatte sie ihre Stärken und Vorlieben neu entdeckt. Sie kam öfters in die Beratung mit ihren Landsleuten, die ebenfalls eine Beratung benötigten.

Sie möchte Deutsch lernen. Ich hatte ihr verschiedene Darstellungen mit Bildern und Texten mit Gegenständen, die auf Englisch und Deutsch erklärt wurden, ausgehändigt und sie beim nächsten Treffen ausgefragt. Sie hatte sich über ihre Erfolge gefreut.

Es wurde ein Frauentreff auf dem EA-Gelände eingerichtet. Gemeinsam mit Ehrenamtlichen können Frauen unter sich sein und Freude an anderen Tätigkeiten finden. Diese vergessenen Ressourcen – wie lesen, kochen, stricken, Deutsch lernen, Tanztherapie, Ausdruckstherapie, Freunde treffen, miteinander reden könnte sie für sich neu entdecken.

Ich stärkte R. weiterhin in ihren positiven Sichtweisen. Sie hatte ein Motto für sich gefunden. Diese Aufgabe hatte sie ebenfalls sehr gut bewältigt. Sie gab dem Schmetterling einen Satz: „Sie sei wie ein Schmetterling, sie möchte ihre Flügel ausbreiten und fliegen"

Ebenfalls waren für die Klientin religiöse und mystische Werte von Bedeutung. Sie ist sehr gläubig. Gott hat ihr die Kraft gegeben damals weg zu laufen. Sich überhaupt zu trauen, um weg zu laufen. Aus ihrer Heimat kennt sie kein Nein. Ihr ist es unmöglich ein Nein zu fühlen oder zu sagen, einen Widerstand zu äußern. Die Leute in Eritrea sind unterdrückt, Eritrea leidet unter dem autoritären Regime das bemüht ist, umfassenden Einfluss auf das Leben seiner Bürger auszuüben. Gegenwärtig tut das Regime alles, um an der Macht zu bleiben. Die Menschen sind eingeschüchtert und niemand traut sich etwas dagegen zu unternehmen. Das Regime verhaftet, bedrängt und tötet Christen, da sie als Bedrohung für den Staat und die Regierung angesehen werden.

Eine andere Methode, die einen kleinen Erfolg brachte, war das Aufschreiben von drei Sachen die sie gut kann: Englisch= somit kann sie für ihre Landsleute übersetzen und dolmetschen; kochen: sie hatte zuhause zugesehen wie ihre Mutter Injara (eine Spezialität aus Eritrea) zubereitet hatte und sie kann Kaffee zermahlen und kochen; mit Menschen sprechen: hier in der EA kommen viele andere Eritreas auf sie zu, da sie bereits wissen, dass sie englisch spricht und für andere übersetzen kann.

Als sie mir von ihren Stärken erzählt hatte, war sie glücklich, teilweise hat sie von ihrer Zeit zuhause mit ihrer Mutter erzählt. Ihre Mutter war Alleinverdienerin da ihr Vater im Krieg gestorben ist als sie noch sehr klein war. Ihr großer Bruder hatte danach die Vaterrolle und die Unterstützung bei der Erziehung übernommen. Es war schön für sie in diese Zeit zurück zu kehren und davon zu erzählen. Sie vermisste ihre Mutter, vor allem weil sie wisse, dass es unmöglich sei in Kontakt mit ihr zu treten, um sie und die Familie nicht zu gefährden.

Persönlich denke ich, dass das Erzählen, mit anderen über das vergangene Leid zu sprechen, sich zu öffnen und erzählen zu wollen der erste Schritt zur Genesung sei. Die Klientin hatte bei vielen Beratungssituationen ihrer Landsleute übersetzt. Sie merkte schnell, dass auch andere Schlimmes erlebten und darüber sprechen wollten.

Ich merkte eine positive Veränderung, sie öffnete sich immer mehr.

Ich hatte Sie als Frau stärken wollen, ihre Werte als „eine attraktive Frau" neu aktivieren, indem ich ihr einige Kleider, sowie Schmuck und einen Nagellack geschenkt hatte.

Ich besuchte Sie in ihrem Zimmer. Sie bot mir ein Glas Wasser an. Ich kämmte ihr Haar, ich bemalte ihre Fingernägel, sie hat sich andere Kleider angezogen

Begleitung zum Bundesasylamt für Flüchtlinge und Asylwerber

Einen Tag vor der Asylantragstellung wurde noch ein Termin bei mir im Büro vereinbart.

Schriftlich und Schritt für Schritt hatte ich R. den Weg nochmals erzählen lassen und alles aufgeschrieben. Bei Unstimmigkeiten fragte ich genauere Details ab.

Ihr war klar, dass es eine Vorbereitung für das morgige Gespräch mit den Behörden war, trotzdem war es ihr schwer gefallen über diese Zeit zu sprechen. Die Länder und die genauen Daten hatten wir aufgeschrieben. Über die stille Zeit, die fast zwei Jahre dauerte, konnte sie nicht flüssig erzählen und ich drängte sie auch nicht. Sie war oft eingesperrt, wusste monatelang nicht was als nächstes passieren wird. Als sie Hoffnung schöpfte, dass es endlich weiter ging, stellte sie fest, dass sie in einem anderen Land für weitere Monate ausharren musste. Einmal erzählte sie mir, dass sie sich total schwarz verhüllen musste und als Ehefrau eines Mannes durch die Zollkontrolle durchzukommen. In Saudi Arabien wurde anschließend ein Visum für Deutschland ausgestellt. Zurück in den Sudan, erneut eine lange Wartezeit.

Anfang des Jahres 2015 kam sie in die Süd-Schweiz und wurde vor die Pforte zur Erstaufnahmestelle gesetzt. Nach einigen Monaten hat die Schweiz ihren Fall an Deutschland übergeben. Das ganze kostete 10.000USD. Das Geld kam von allen ihren Verwandten, am meisten von dem Onkel aus Israel. Sie muss es zurückzahlen.

sie war sehr traurig, als sie mir das alles erzählte, ich schrieb alles auf und übergab ihr die Wegbeschreibung, damit sie bei der Asylantragstellung flüssig erzählen konnte.

Im Zuge dieser Vorbereitung verwendete ich eine Methode mit positiver Symbolik mit einem aufbauenden Gespräch.

Ich schenkte ihr einen Blumenstrauß von der Wiese, den ich beim Spazierengehen mit meinem Hund für Sie gesammelt hatte.

Sie hat verlernt ein „Selbstwertgefühl zu haben", sich gut und positiv zu fühlen, ihr innerliches ist geschwächt, sie kann nicht NEIN sagen- jedoch habe ich ihr alle Positiven Sachen nochmals auf den Tisch gestellt, die wir die letzten Tage bereits hatten.

Sie ist in Sicherheit- **Blumenstrauß**

Sie macht Fortschritte- **ein Schuh**

Sie darf ihre Flügel ausbreiten- (**ihren Schmetterling**)

Sie kann morgen den **Asylantrag** stellen!!!

Sie ist stark- sie ist weggelaufen- sie ist in Deutschland (**ein Stein**)

Sie möchte Deutsch lernen- **ein Buch**

Sie braucht Zeit- **eine Uhr**

Am folgenden Tag trafen wir uns um 7:00h im Büro, wir besprachen alle Einzelheiten nochmals, anschließend gingen wir zum BAMF.

Sie bekam ein beschleunigtes Asylverfahren. Im Dezember 2014 hat das BAMF vorwiegend priorisierte Herkunftsländer im Schnellverfahren bearbeitet. Das heißt zum einen, die als „sichere Herkunftsländer" wie z.B. Serbien und Kosovo, zum anderen besonders unsichere Herkunftsländer wie Syrien und Irak wurden sehr schnell behandelt. Eritrea war bisher nicht bevorzugt behandelt. Ich war dementsprechend erstaunt, als R. die Entscheidung vorgelegt wurde, und sie entschied sich für das Schnellverfahren.

Hierbei denke ich persönlich, dass es gut war, dass ich dabei war, ich konnte es ihr auch rechtlich erklären. Viele Asylwerber wissen den Unterschied nicht und aus Mangel an Informationen entscheiden sie sich für die längere Prozedur.

Ich bat um eine Kopie, die mir ausnahmsweise ausgehändigt wurde, somit konnte ich bei meinen weiteren Beratungen mit eritreischen Flüchtlingen genau die Fragen erklären und besser vorbereiten.

Schön empfand ich, dass sich die Klientin auf mich eingelassen hatte, sie hatte mir vertraut, sie hat sich immer mehr geöffnet und hatte meine Methoden zugelassen. Ich sah deutlich die positiven Veränderungen bei ihr.

Die Übung „der sichere Platz" wurde von mir sehr langsam und deutlich vorgelesen, nachdem ich ihr die Regel erklärt hatte. Sie sollte sich entspannen, ruhig auf dem Sessel sitzen und wenn möglich die Augen schließen. Anfangs war es ihr nicht möglich ihre Augen zu schließen, jedoch fand sie die Übung gut und konnte sich leiten lassen. Nachher hat sie mir von ihren Bildern, überwiegend aus ihrer Kindheit erzählte. Ihr sei es gut gegangen, sie war sicher, sie musste nicht weglaufen, sie hatte sich gut gefühlt in einer sicheren Umgebung. Diesen „sicheren Platz" hat sie mitgenommen und sie kann diesen Platz „jederzeit" vor Augen holen.

Die nächste Methode war die Darstellung der Zukunftslinie.

Ich hatte ein gerades Seit auf dem Boden gelegt, das ihre Zukunft zeigen soll. Sie konnte sofort miteinsteigen, da sie von meinen bisherigen Gesprächen und auch Seilarbeit bereits begeistert war.

Symbole, die ich in einer Kiste aufbewahre kannte sie bereits aus den vorherigen Übungen.

Schuhe, stehen für kleine Schritte in Deutschland

ein Buch, steht für Deutschlernen und die Kultur und Gewohnheiten zu verstehen

Kreuz, steht für ihren tiefen Glauben

eine Linie für ihre Mutter, die sehr stark ist und alle vier Kinder auf die Welt gebracht hat.

Ein Hund, für die Freundschaften, die sie in Deutschland machen möchte

Ein Fahrzeug, steht für die öffentliche Verkehrsanbindung z.B. mit einem Bus kann sie überall hinfahren und sich auch trauen aus dem Haus rauszugehen

ein Schmetterling steht für Sie als ihre persönliche Entwicklung

Ich hatte Sie gebeten aufzustehen und mit mir zu den Gegenständen hinzugehen.

Bei den einzelnen Symbolen sind wir stehengeblieben und ich hatte sie fühlen lassen und sie erzählte mir, was sie dabei für Gefühle empfand. Nach einigen Minuten Verweilzeit gingen wir zum nächsten Symbol.

Sie konnte sich sehr gut in jedes einzelne Symbol hinein fühlen und mir ihre Gefühle und Empfindungen beschreiben. Es tat ihr gut und sie strahlte positive Energie aus.

7.4. Rückfälle

Teilweise wird in der Nähe vom EA-Gelände geschossen, da es einen Übungsplatz in der unmittelbaren Nähe gibt. Sie reagiert regredierte, zog sich auf dem Stuhl zusammen. Sie schaute mich nicht mehr an, offensichtlich war sie retraumatisiert. Ich erklärte ihr, dass es zwar nicht vorteilhaft ist, dieses Truppenübungsgelände hier gleich ums Eck zu haben, aber es ist nur ein Übungsplatz. Wir seien nicht in Eritrea, nicht beim Militär in ihrer Ausbildungszeit und auch nicht als sie im Gefängnis war. Hier wird geschossen, da Deutschland ein freiwilliges Heer hat und manche Menschen möchten üben. Jedoch sei es kein Krieg. Es ist nicht AKUT zum Weglaufen. Es ist eine neue Erfahrung für sie. Ich versuchte ein wenig Humor hinein zu bekommen. Ich erklärte ihr, dass auch auf den Straßen nichts passiert, niemand versteckt sich, niemand muss weglaufen. Die Soldaten im Wald schießen auf Scheiben. Sie üben für den Notfall, sie möchten uns alle beschützen. Dieses Gelände sei gut abgesperrt.

Für den 05.06.2015 wurde ihre Verlegung festgelegt. Die Klientin war sehr enttäuscht dass sie nicht nach W zu ihrer Cousine gehen dürfe, sie kenne hier in Deutschland gar keinen Menschen. Es sei so schwer alleine. Sie versank in ihre eigene Gedanken und es dauert einige Minuten bis ich sie wieder erreichen konnte. Sie weinte und wirkte sehr traurig.

Ich erkläre ihr, dass Y eine große Stadt sei, sie kommt in eine Gemeinschaftsunterkunft mit anderen Asylwerbern, womöglich auch aus Eritrea. Es ist nicht weit nach W. Es gibt ein sehr gut ausgebautes öffentliches Netz. Sie beide können sich gegenseitig besuchen. Örtlich gesehen wäre es sehr gut, dass sie nach Y kommt, da die Psychotherapiestelle für Überlebende traumatischer Gewalt und politisch Verfolgte und Vertriebene sich in Y befindet und ich es für vorteilhaft für ihre weitere Entwicklung halte.

7.5. Abschluss

Um ihre Identität nachweisen zu können musste Sie ihren Original-Ausweis vorlegen. Ich telefonierte mit dem Dublin Büro in der Schweiz und bat um die Zusendung der Dokumente. Als ihre Identifikationskarte kam, war sie sehr gerührt und hatte geweint.

Sie bedankte sich viele Male und wollte mich auf die Hand küssen. Ich hatte ihr erklärt, dass es unter anderen meinem Arbeit sei, sich um Dokumente zu kümmern, das hatte ich auch getan. Ich hatte der Klientin erklärt, dass sie mich nicht küssen bräuchte. Es ist eher sehr komisch für uns Europäer, wenn das jemand macht. Sie hat sich erneut entschuldigt und vielmals bedankt.

Eine große Bereicherung war die Sandspieltherapie. Ich hatte ihr die Vorgehensweise erklärt und ermutigt einfach zuzugreifen, sich von ihren inneren Gefühlen leiten zu lassen und im Sand zu spielen.

Sie hat geweint, hatte lange gebraucht um ihre Geschichte aufzustellen, lange nachgedacht. Es war gut.

Sie hatte viel grünes Gras gelegt, dazwischen sich selbst in vielen verschiedenen Etappen dargestellt. Ich war sehr stolz auf R.. Ich kämpfte mit Tränen.

- Als „ohnmächtiges Mädchen" ohne Schwert, flüchtete vor dem schwarzen Monster. Sie hat Angst, sie musste ihre Familie zurück lassen- sie ist ganz alleine, einsam, verloren, möchte sterben, fürchtet sich.
- ein Mädchen auf der Flucht, rennt um ihr Leben, möchte überleben. Alles um sie herum ist unklar und sie fühlt sich unsicher und einsam.
- Das dritte Mädchen befindet sich in Deutschland, sie ist in Sicherheit. Sie lernt Deutsch, hat Freunde, hat ein Haus, möchte nicht alleine sein: gründet eine Familie, es entwickelt sich weiter.

8. Abschluss mit Einschätzung des Prozesses

8.1. Eigene Einschätzung

Das anfängliche fehlende Basisvertrauen und das extreme Misstrauen mir gegenüber und allgemein in unsere „westliche Welt" hat mich gebremst. Ich hatte viel und intensiv mit R. gearbeitet um ihr Vertrauen zu gewinnen.

Ebenfalls der Verlust der weiblichen Identität war nicht einfach zu bewerkstelligen. Ihr das Gefühl zu vermitteln, dass sie ihren Körper nicht umhüllen braucht, nur weite dunkle Sachen anzuziehen kann keine Lösung von Dauer sein. Sie ist eine wertvolle Person, sie ist nicht schuld an dem Geschehenen, sie sei stark, sie hatte den Mut und die Kraft wegzulaufen. Sie konnte mir lange nicht glauben, erst mit dem Vertrauen und der Authentizität hatte sie sich mir gegenüber geöffnet.

Sie hat viele Ressourcen und einen starken Willen zum Überleben. Diese „eingeschlafenen Stärken" wieder einzuschalten und erneuern hatte viel Kraft und Ausdauerarbeit gekostet.

Die Methoden, die ich verwendete, konnte die Klientin gut annehmen. Mit jedem Gespräch hatte sie sich mehr geöffnet und mir vertraut. Sie hatte nach jedem Gespräch ein gutes Gefühl, welches ihr durch den Tag geholfen hatte.

Viele Erfahrungen hatten wir gemeinsam gemacht. Ich bin ebenfalls gewachsen und habe dazugelernt. Kleinigkeiten wie ihr die Haare kämen, Nagellack auftragen, neue Kleider bringen, damit sie sich mehr als Frau fühlt, hat mich ebenfalls gefreut.

8.2. Rückmeldungen der Klientin zu ihrer Entwicklung

Ein Tag vor ihrem Transfer nach Y hatten wir uns vor dem EA-Gelände verabredet, um gemeinsam in die Kirche zu gehen. Sie war pünktlich und hatte sich auf diesen Sonntag sehr gefreut. Ich übersetzte ihr die Lesungen und das Evangelium. Danach hatte ich sie zu mir nach Hause eingeladen.

Die erste Begegnung mit meinem Hund war für sie sehr fremd, jedoch nach einigen Vorbereitungen konnte sie ihn streicheln und sie war sehr glücklich. Sie erzählte mir wie die Eritreer Tiere in ihrer Heimat behandeln und sie möchte noch mehr von der deutschen Kultur lernen und es umsetzen.

Seit mehr als dreieinhalb Jahren hatte sie nicht mehr gekocht. Wir hatten gemeinsam ein Essen vorbereitet und gekocht. Es hatte sie sehr glücklich gemacht. Dabei entstanden sehr viele Gespräche aus ihrer Jugendzeit, die sie gemeinsam mit ihrer Familie zu Hause erlebt hatte und mit mir teilte.

8.3. Wirkung der Supervision, kollegialer Supervision auf den Prozess

In den Kleingruppen hatten wir den Fall R. besprochen. Die Fallbesprechung hat mir als beratende Person sehr geholfen. Ich hatte mehr Kraft und Wissen von den Kollegen geschöpft, diese Ressourcen hatte ich an R. weitergegeben.

In der Kleingruppe wurden mehrere Methoden besprochen. Positive Bilder und schöne Erinnerungen zu aktivieren, hat mir sehr geholfen. Ein großes Ziel war immer wieder die Stabilisierung der Klientin und ein Weitblick in die Zukunft.

9. Eventuelle Nachbetreuung

Im September 2015 hatte ich R. in Y besucht, wir waren gemeinsam beim afrikanischen Festival, es war sehr nett und ihr hat es auch gut getan.

Am 25.11.2015 wurde ihr ein Brief geschickt, der besagt, dass ihr Verfahren geschlossen sei. Das Schreiben verwirrte sie völlig. Als sie mich anrief, konnte ich nur einige Wörter verstehen, da sie die meiste Zeit am Weinen war. Sie dachte sie wird abgeschoben. Ich telefonierte mit dem Bundesministerium für Migration und Flüchtlinge in V und fand heraus, dass sie bereits im Oktober die Asylzuerkennung erhalten hatte, jedoch konnte dieses Schreiben per Post nicht zugestellt werden. Ich hatte der Klientin bei der Abholung der Zuerkennung geholfen.

10. Resümee

Die intensive Begleitung von Frau R. war sehr fordernd, jedoch interessant. Die Klientin war anfangs zurückhaltend und scheu, jedoch war sie nie ablehnend. In jedem Gespräch öffnete sie sich mehr und ließ mich an ihrem Leben teilhaben.

Während der Zeit in der Erstaufnahmestelle in X war ich die wichtigste Bezugsperson für sie. Unsere Beziehung hat sich befestigt, R. hat viel Vertrauen zu mir gewonnen, was ihr wiederum mehr Vertrauen in die Welt gegeben hat, das Arbeiten mit ihr war schön.

Bei den Beratungen ging ich nur soweit, wie sie es selbst zugelassen hatte. Es verging viel Zeit und viele Beratungen um zurück auf das Thema „Vergewaltigung" zu kommen. Hierbei merkte ich eine sehr große und starke Blockade, deswegen wurde dieses Thema nicht behandelt.

Die Klientin konnte sehr gut mit Symbolen und Figuren arbeiten. Ebenso waren die Sandspieltherapie und das Einlassen auf den „sicheren Platz" erfolgreich und für beide Seiten mit Zufriedenheit zu verzeichnen.

Frau R. hatte sich sehr ins positive entwickelt. Ihr Aussehen hat sich verändert. Sie hatte hellere Sachen angezogen, sie hatte Ohrringe und Nagellack verwendet. Sie ging aus sich heraus und erzählte „freier" und intensiver, ohne Tränen.

Nach wie vor stehen wir in Kontakt. Sie ist die einzige Klientin, die meine private Telefonnummer hat. Sie erzählt mir öfters von der gelungenen Psychotherapie in Y. Einmal monatlich geht sie hin und es tut ihr gut. Posttraumatische Belastungsstörungen mit schweren Depressionen, Angstzustände und Schlafstörungen wurden bei ihr diagnostiziert.

Ebenfalls werden ihre Lungen regelmäßig untersucht und in Notsituationen kann sie auf ein Beatmungsgerät zurück greifen.

Sie besucht Deutschkurse und einen Integrationskurs. Mit Unterstützung von Ehrenamtlichen bewirbt sie sich um einen Ausbildungsplatz bei der Firma A.